Engelbert Fischer

# Die Menschen-Weihehandlung – was ist das?

Engelbert Fischer

# Die Menschen-Weihehandlung – was ist das?

Eine Annäherung

Verlag Urachhaus

ISBN 3-8251-7381-X

www.urachhaus.com
Erschienen 2002 im Verlag Urachhaus

Umschlaggestaltung: U. Weismann
Umschlagbild: Uta Albeck, Spuren der Zeit
Druck: Offizin Chr. Scheufele, Stuttgart

# Inhalt

# Ein Wort vorweg

Wir sind ja alle so verschieden heute. Daher werden diese Betrachtungen nicht jeden tiefer ansprechen. Sie sind aus der Praxis entstanden, um bei der Annäherung an die Menschen-Weihehandlung eine Hilfestellung und erste Antworten auf einige Grundfragen zu geben. Man hat vielleicht auf diese Fragen schon andere Antworten gehört. Auch diese sind berechtigt. Weiterführung, Vertiefung, eigenes Entdecken sind möglich und nötig – ohne Grenzen.

Andere wertvolle Perspektiven und Anregungen finden sich u.a. in folgenden Schriften:

Johannes Lenz: *Die Menschenweihehandlung,* Stuttgart 1999.
Christoph Rau (Hrsg.): *Vom Kultus-Erleben,* Stuttgart 1983.
Hans-Werner Schroeder: *Vom Erleben der Menschenweihehandlung,* Stuttgart 1997.
Kurt von Wistinghausen: *Der neue Gottesdienst,* Stuttgart 1987.

Mehr und Genaueres über die Gründung der Christengemeinschaft ist zu lesen bei:

Hans-Werner Schroeder: *Die Christengemeinschaft,* Stuttgart 2000.
Rudolf Gädeke: *Die Gründer der Christengemeinschaft – ein Schicksalsnetz,* Dornach 1998.

# Dass es so etwas gibt!

Je größer der zeitliche Abstand wird zur allerersten vollzogenen Menschen-Weihehandlung (das war am 16. September 1922), umso erstaunlicher erscheint, dass sie überhaupt Fuß fassen konnte in unserer heutigen Welt. Denn wer ihr erstmals begegnet, wird in der Regel nicht sogleich erleben, dass sie die Antwort auf seine tieferen Bedürfnisse und auf sein inneres Suchen wäre und dass sie faszinierende Gotteserlebnisse vermittelte. Auch wird er nicht finden, dass ihre Sprache die Sprache des beginnenden dritten Jahrtausends wäre und dem Verständnis ein Erkenntnislicht nach dem anderen entzündete. Für wenige Einzelne kann das wohl trotzdem so sein. Normalerweise aber wird die Menschen-Weihehandlung doch sehr anders erlebt: nämlich fremd, ja befremdlich.

Das war damals bei der Gründung der Christengemeinschaft nicht anders. Dabei brachte die relativ kleine Schar, die dann Träger einer religiösen Erneuerung werden wollte, schon Voraussetzungen mit, die dem heutigen Zeitgenossen nicht selbstverständlich sind: Als Studenten der Theologie, z.T. auch schon als amtierende Pfarrer, waren sie zur Arbeit für ein lebendiges Christentum existenziell entschlossen. Sie hatten Rudolf Steiner kennen gelernt und die Anthroposophie. Dadurch hatten sie erfahren, welche kulturstiftenden Lebensquellen eine wissenschaftlich gegründete Geistesforschung zu erschließen vermag, und die Sehnsucht nach einer ebenso lebensvollen Religionsübung war ihnen brennend geworden. Was der um Rat und Hilfe dafür gebetene Rudolf Steiner ihnen dann aber vermittelte, war für sie damals mehr oder weniger ebenso befremdlich wie uns Heutigen bei einer Erstbegegnung auch. Von der zu einer neuen Reformation begeisterten Schar blieb nur ein Viertel übrig: fünfundvierzig Persönlichkeiten, die dann die erste Priesterschaft der Christengemeinschaft wurden.

Als diese Priester anfingen, die Menschen-Weihehandlung zu zelebrieren, hatten sie – bei widrigster allgemeiner Wirtschaftslage – buchstäblich nichts außer der leuchtenden Gewissheit, etwas für die Welt Notwendiges zu leisten. Zelebriert wurde zunächst in einigen Städten im deutschsprachigen Raum. Die Räume dafür waren Wohnzimmer, angemietete Schulräume. Sie mussten in der provisorischsten Weise jeweils dafür hergerichtet werden. Und doch begann die Menschen-Weihehandlung ihre gemeinschaftsbildende Kraft zu entfalten. Zumeist kleine Gemeinden entstanden um die Altäre. Deren Treue- und Tragekraft – die sich besonders in den Jahren des Verbotes unter der nationalsozialistischen Herrschaft bewährte – gibt beredtes Zeugnis, was für eine tiefe Liebe zu den erneuerten Sakramenten, wie sie in der Christengemeinschaft ausgeübt werden, wachsen konnte. Christengemeinschaft entstand, wo Menschen-Weihehandlung geschah.

So ist es auch heute: Christengemeinschaft entsteht, wo Menschen-Weihehandlung geschieht. Dass es heute auf allen Kontinenten kleine und größere Gemeinden gibt, an deren verlässlichem Dasein niemand zweifelt, dass es auch immer mehr eigene Kirchenbauten gibt, dass man bei Taufgesellschaften, Konfirmationen, Trauungen und Bestattungen immer wieder Berührung mit der Christengemeinschaft haben kann – das darf nicht darüber hinwegtäuschen: Die Christengemeinschaft – etwas provokant formuliert – *besteht* nicht, sie *entsteht* immer nur. Was man zunächst antrifft, ist vergleichsweise gesprochen nur die Uferlinie, nicht der Fluss. Ohne die lebendige Quelle der Menschen-Weihehandlung und der daraus gespeisten Sakramente bliebe bestenfalls ein trockenes Flussbett übrig.

Diese Tatsache kann auch Schwierigkeiten machen: Es gibt durchaus Menschen, die fühlen sich in einer solchen Gemeinde menschlich wohl und möchten deshalb gern dazugehören, auch ihre Kinder dort beheimaten, können oder wollen aber zu den Sakramenten zunächst keine Beziehung bauen. Andere – nur um die Eckpunkte einer ganzen Bandbreite zu benennen – sind von der Kraft der Sakramente unmittelbar berührt, mögen aber mit den Menschen, die sie dort antreffen, eigentlich nichts zu tun haben. In diesen beiden Extremen spiegeln sich aber Aufgaben, die sich heute für jeden stellen und sich damals bei der Gründung für die Gründer gestellt haben.

Jeder Einzelne muss seine Beziehung zum Strom der Sakramente selber bauen, sonst hat er keinen Anteil daran. Und dazu nützt die Gemeinschaft gar nicht. Dann aber, wenn es ihm ein wenig gelingt, gehört er schon dazu, bei all seiner individuellen Andersheit. Es kann sich nicht um das *Untertauchen* des Individuellen in einer tragenden Gemeinschaft handeln, sondern gerade um das *Auftauchen* des Individuellen, das eine freie Geistgemeinschaft mittragen will und kann.

Gerade die Verschiedenheit, nicht die Gleichartigkeit der Gründer damals und der

Gemeinden heute machte und macht es möglich, dass individuelle und freie Menschen gemeinsam Lebensorte bilden, von wo die geistigen Kräfte ausströmen können, die Christus auf Golgatha dem Tode abgerungen hat. Diesen Kräften Brunnenhäuser zu bauen, ist Sinn und Zweck der Gemeindebildung. Das vermag ein Einzelner nicht. »Wo zwei oder drei versammelt sind in Meinem Namen, da bin Ich mitten unter ihnen« – ein Christus-Wort, das seine Wahrheit immer neu bewährt.

Mit dem Bild des Brunnenhauses ist zugleich gesagt, dass es nicht allein um das persönliche Seelenheil derer geht, die jeweils die Gemeinde sind. Wo Brunnen sind, können viele trinken. In Wüsten kann eine Oase dort entstehen. – Die Ausgangsfrage christlicher Religion darf heute nicht mehr nur heißen: »Wie bekomme ich einen gnädigen Gott?«, wie Martin Luther formulierte. Sie muss darüber hinaus auch heißen: Wie finden wir die Auferstehungskräfte und begegnen ihnen so, dass sie ins Leben des Einzelnen und das der Mitwelt verwandelnd und gesundend eingreifen können? Anders ausgedrückt: Was ist zu leisten, wie müssen wir *handeln,* dass unser *Menschensein* die *Weihe* erfährt, die ihm Christus errungen hat und geben will?

So mag verstanden werden, dass es sich bei dem ungewöhnlichen Namen *Menschen-Weihehandlung* um einen sachgemäßen Begriff handelt für den Vorgang, der das Versammelt-Sein in Seinem Namen realisiert.

Dass es so etwas gibt ...!

## Reichlich befremdlich – und warum

Viele wache Zeitgenossen kennen das mehr oder weniger deutliche Gefühl, dass ihrem Dasein eine irgendwie geartete geistige Dimension fehlt. Diesem Mangelerlebnis antworten ja vielerlei Angebote aus der alternativen und der Esoterik-Szene. Aber auch buddhistische Wegweisung ist gefragt und östliche Meditationspraktiken werden geübt: Führt es zu dem, was ich suche?

Wer auf solcher Suche der Menschen-Weihehandlung begegnet, kann sehr leicht zu der Einschätzung kommen: Das kann es ja wohl nicht sein. Höchst befremdlich erscheint, was da geschieht. Nun gibt es manche, die das Befremdliche nicht so stark oder auch gar nicht erleben, weil sie im ersten Begegnen spontan und kräftig fühlen: Das ist ja Heimat, was ich hier finde! Das Gewebe der Worte und Verrichtungen und Bilder im Ganzen wird mir zu einem Antlitz, dem lebendigen Antlitz Christi. – Solche Erlebnisse sind tief bewegend. Doch bald erweisen sie sich als Anfangs-Geschenke, die in der Art nicht einfach immer wieder kommen. Große Beglückung wird dann erst einmal zu herber

Enttäuschung. Dass viele andere aber an der Menschen-Weihehandlung zuerst die Befremdung erfahren, braucht wiederum nicht zu überraschen. Es gibt gewichtige Gründe dafür, auch wenn sie nicht gleich an der Oberfläche liegen.

Natürlich mag die konzentrierte Stille während der Feierstunde fast bedrängend erlebt werden. Im Anblick der Priestergewandung, der Altarhelfer, des Räucherfasses mag eine Neuauflage katholischer Tradition Antipathie oder auch Sympathie wecken. Man kann die schönen alten Choräle vermissen oder die Einladung zum gemeinsam gesprochenen Gebet. Die eigentlichen Gründe für das Befremden liegen aber tiefer. Drei seien genannt:

1.

Eine Frucht des reformatorischen Impulses im Beginn unserer Neuzeit ist ja das Erwachen zur »inwendigen Freiheit eines jeden Christenmenschen«, wie Luther es formulierte, d.h. zur Eigenverantwortlichkeit in allem geistigen und religiösen Tun. Das bedeutet aber, dass bei innerer Vertiefung, bei Gebet und Meditation und im Leben mit dem Bekenntnis immer ich selber mit meinen persönlichen Fähigkeiten und Begrenzungen das Maß der Dinge bin. Aus Bewusstheit über mich selbst und aus innerer Redlichkeit werde ich nur so viel auf diesem Felde tun und mir vornehmen, als ich auch leisten kann. Vergleichend gesprochen: Ich kann den Weg zum Matterhorn wohl einschlagen, lasse aber offen, wie weit ich damit komme.

Aus dieser absolut respektablen Haltung rührt ja z.B. die Scheu vor dem Vaterunser-Gebet her und ist eine Kultur des freien Gebetes entstanden: Was in der Zuwendung zu Gott jetzt in diesem Augenblick lebendig werden kann, soll darin seinen Ausdruck finden. Ob aber alles, was im Vaterunser liegt, jetzt im Herzen lebendig ist – wer mag das schon behaupten vor sich selbst?

Die Menschen-Weihehandlung nun fragt überhaupt nicht nach dem, was ich hier und heute leisten kann und mir zumuten will. »Ungebeten und ungefragt« – wie Goethe einmal im Hinblick auf die Natur sagte – »nimmt sie uns / in den Kreislauf ihres Tanzes auf.« Sie gibt das Maß des Möglichen vor, dem gegenüber ich mich in meiner Redlichkeit als nicht gewachsen erleben muss. Darin liegt für uns Gegenwartsmenschen eine höchst befremdliche Zumutung. Das sind wir nicht gewöhnt.

2.

Eine andere, damit aber zusammenhängende Tatsache ist, dass in den modernen westlichen Kulturen eigentlich nicht mehr gewusst wird, was Dienen heißt. Man sagt zwar Gottes-Dienst und meint das auch, erwartet in der Tiefe der Seele aber doch, dass Gott uns Menschen dient, indem er uns seiner Gnade und Liebe durch den Prediger vergewissert und irgendwie auferbaut ins Leben entlässt. Dass der Mensch der Gottheit dienen soll – ja womit denn und wofür?

Jesus hat einmal drastisch klargemacht, was Dienen eigentlich heißt (Lk. 17,7f.): Müde und gestresst von der Arbeit kommend, selber hungrig und durstig, ist noch nicht der Feierabend angesagt für die Jünger. Erst sollen sie dem Herrn das Abendmahl bereiten und bei Tische dienen, »dann mögt ihr auch essen und trinken«. Es kommt noch härter: »Damit habt ihr euch keinen besonderen Dank verdient. Ihr sollt euch sagen: Wir haben nur unsere Schuldigkeit getan.« Den Hunger und den Durst des Herren sollen wir stillen und bei Tische dienen. – Junge Mütter und Väter müssen das Dienen an ihren wonnigen Kleinkindern immer wieder lernen – und wie schwer fällt das den meisten! Da genügt ein Hüngerchen nachts um halb vier, und dann lustig sein und nicht wieder einschlafen wollen … es ist zum Verzweifeln. Doch »damit habt ihr euch keinen besonderen Dank verdient. Ihr habt nur eure Schuldigkeit getan.«

Nicht der Diener mit seinen Möglichkeiten und Begrenzungen gibt das Maß im Gottesdienst, sondern der Herr selber. In welcher anderen Kirche wird man so heftig mit dieser Tatsache konfrontiert?

3.

Die dritte Befremdung, die auftreten kann, hat einen geistesgeschichtlichen Hintergrund. In den Kulturen, die der modernen Zivilisation vorangingen, ist leicht nachweisbar, dass die Beziehung der Menschheit zur Gottheit in zwei polaren Strömungen gepflegt worden ist. Auch im Alten Testament tritt diese Doppelheit deutlich hervor. Im alten Israel hatte jedes Dorf seine Synagoge, wo man am Feiertag, dem Sabbat, hinging. Dort wurde aus der heiligen Schrift gelesen, und wer von den Versammelten etwas Wesentliches dazu zu sagen wusste, stand auf und sprach. So konnte auch Jesus in der Synagoge lehren, und auch Paulus nutzte die Synagogen zur Christus-Verkündigung auf seinen Reisen. In der Synagoge ging es um die Besinnung auf Ursprung und Ziel des Menschseins und Hebräerseins, um die Erneuerung des Bewusstseins von Sündenfall und Messias-Erwartung, um die Orientierung des eigenen kleinen Lebens darin für die nächste Arbeitswoche. Besinnung und Belehrung standen also im Vordergrund.

Daneben gab es aber auch den Tempel in Jerusalem. Dorthin wanderte man zu hohen Festen und besonderen Gelegenheiten, um Opfergaben darzubringen. Dass es im Tempel auch einen Bezirk der Belehrung gab, wo z.B. der zwölfjährige Jesus die Schriftgelehrten mit seinen Fragen und Antworten in Erstaunen setzte, war nicht das Wichtige im Tempel. Wichtig war vielmehr, dass die belehrten Frommen zur Opferhandlung vorschritten, dass eine Priesterschaft im Heiligtum die Gebete verlässlich verrichtete – wir lesen z.B. von dem alten Zacharias (Lk. 1,8f.), dass einer der Priester als Hohepriester zu bestimmter Zeit einzutreten hatte ins Allerheiligste. Dort hinter dem Tempelvorhang hatte er der unmittelbaren Gegenwart des Gottes zu begegnen und sich ihm bis in Fleisch und Blut hinein als Diener zur Verfügung zu stellen. Im Tempel bildete eine Gottes-Dienerschaft durch Opfer, Gebet und Begegnung den geistigen Raum, von wo die Zukunftsimpulse der göttlichen Führung ins Leben des Volkes hereintreten konnten. – Ging es also in der Synagoge in der Hauptsache um Besinnung und Belehrung, so ging es im Tempel um das Er-Dienen dessen, was der Menschheit von der Gottheit zukommen sollte: um das Er-Dienen ihrer Zukunft.

Der weitere gewichtige Unterschied lag nun darin, dass die Teilnahme an der Versammlung am Sabbat jedem Frommen nicht nur offen, sondern heilige Pflicht war. Der innere Tempeldienst dagegen war nur bestimmten Personenkreisen zugänglich. Schon die Frauen waren zur Darbringung der Opfergaben nicht mehr zugelassen. Das Gebet im Heiligtum war der Priesterschaft vorbehalten, das Allerheiligste dem Hohenpriester. Die Tempelarbeit hatte also einen nicht-öffentlichen, verborgenen Charakter, wie das von den Tempeln der anderen Völker ja auch bekannt ist.

Verfolgt man diesen Doppelstrom Synagoge / Tempel weiter, so wird man aufmerksam auf die Unterscheidung der Aufgaben der zwölf Apostel, denen hauptsächlich die Christus-Verkündigung zugewiesen wurde, von den Aufgaben der sieben Diakone, die hauptsächlich das sakramentale Leben in den Gemeinden pflegen sollten (Apg. 6). Man wird aufmerksam, wie in der katholischen

Kirche die Messfeier im Mittelpunkt des religiösen Lebens steht, wie in der orthodoxen Kirche durch Ikonenwand und Vorhänge die Tempel-Herkunft sogar fast sinnenfällig wird; wie dagegen im evangelischen Gottesdienst die Bibel und ihre Auslegung, Besinnung und Lebensorientierung in die Mitte der sonntäglichen Versammlung gerückt ist.

Darf man von einem Strom und zwei Ufern sprechen, die Synagoge und Tempel heißen, so lebt evangelische Religiosität am ›Synagogenufer‹, die Menschen-Weihehandlung dagegen am ›Tempelufer‹. – So wie in einem evangelischen Gottesdienst nicht allzu viel sakramentale Dichte und ›Mysterienluft‹ erwartet werden darf, so darf in der Menschen-Weihehandlung nicht allzu viel Besinnung und Belehrung erwartet werden. Die Predigt ist kurz und nicht die Hauptsache: Weil das ›andere Ufer‹ so anders aussieht, liegt es nahe, sich zunächst desorientiert und befremdet zu fühlen.

Trotz dieser Tatsachen, die Befremdung beim ersten Begegnen mit der Menschen-Weihehandlung hervorrufen können und die gewiss noch um weitere ergänzt werden können, wird aber dennoch Zugang gefunden. Ja, mit den Jahren ist vielen gar nicht mehr gut vorstellbar, ohne sie zu leben. Wie kann das sein? Wir sagten schon: Jeder muss seine Beziehung dazu selber finden, klären und weiterbauen. Dennoch kann einiges Förderliche und auch Hinderliche bei der ›Landgewinnung‹ in dem gewaltigen Sprachstrom dieser Handlung ganz allgemein gekennzeichnet werden.

# Erste Landgewinnung

Haben wir gesehen, wie und warum Befremdliches an der Menschen-Weihehandlung erlebt werden kann, so müssen wir auch sagen: Auf anderen Gebieten des Geisteslebens ist uns dieselbe Herausforderung, die die Menschen-Weihehandlung an uns stellt, gar nichts Fremdes, nämlich auf den Gebieten der Wissenschaft und der Kunst. Niemand wird z.B. die Qualität mathematischer Gedanken in Frage stellen, nur weil er sie nicht so schnell nachvollziehen kann. Er wird dem Mathematiker vielleicht sogar ganz gern seine ›Mysterien‹ lassen. Niemand wird auch – schon aus Sorge, als Banause gescholten zu werden – zu einer abstrakten Malerei sagen: »Das taugt ja nichts, weil ich nichts darauf erkenne«, oder »Da ist ja bloß Blau drauf«. Ebenso unsinnig wäre, eine Symphonie nach der Zahl der Noten zu beurteilen. Kunst will immer, dass wir unser Sehen und Hören anstrengen, um im und am Kunstwerk seine Wirksamkeit zu bemerken. Dazu genügt aber nicht ein einzelner Moment der Aufmerksamkeit. Blick und Ohr müssen schon aktiver werden, um eine Beziehung zu dem

Wirksamen daran zu gewinnen. Wiederholte Zuwendung, Aufmerksamkeit und inneres Fragen wird zu glückhaften Momenten führen, in denen sich das Wesen der Sache zu zeigen, zu offenbaren beginnt.

Das ist nun bei der Menschen-Weihehandlung genauso. Dass es sich dort nicht um äußerliche Arrangements und Choreografien handelt, ›damit das Auge auch etwas hat‹, ist wohl jedem deutlich. Dazu wären die Einrichtungen auch viel zu wenig prächtig. Dass aber im Vollzug der Feier vor Auge und Ohr etwas *Wirksames* lebt, kann schnell wahrgenommen werden. Nicht so schnell dagegen führt das Gewahrwerden eines Wirksamen auch zum Wahrnehmen des *Wesens*, das sich darin *offenbaren* will. Erst nach längerer und wiederholter Zuwendung und innerlich fragender Aufmerksamkeit zeigt sich etwas von dem Wesen, dessen Name ja schon immer genannt wird: Christus. Er ist es, der sich wahrnehmbar machen und mitteilen will. Er ist es, zu dem wir bewusst erwachen sollen und der in uns zur Welt erwachen will.

Wer diese Wahrheit, dass Christus in der Weihehandlung unmittelbar anwesend wird, für sich realisieren will, braucht vor allem Geduld. Er mag sich damit trösten, dass damals in Palästina die Jünger drei ganze Jahre in Zuwendung, Aufmerksamkeit und innerem Fragen mit Jesus wanderten, bis sie nicht mehr nur ahnen, vermuten und darauf vertrauen brauchten, sondern wirklich wussten und als Bekenntnis vertreten konnten: In Jesus lebte der Christus, der Sohn des lebendigen Gottes, mitten unter uns. Erst nach dem Pfingstereignis (Apg. 2,14) konnte ja Petrus als Bekenner vor die Mitwelt hintreten. Oft wird auch im Evangelium berichtet, wie die Jünger noch nicht verstehen konnten, was er ihnen sagte (z.B. Mt. 10,45; Lk. 18,34; Joh. 11,12 und öfter).

Vielleicht sollten wir uns auch drei Jahre zusprechen, wenn wir zur Christus-Gegenwart in der Menschen-Weihehandlung erwachen wollen? Sich Zeit geben dafür, das ist schon der erste praktische Hinweis darauf, wie das Kennenlernen gefördert werden kann.

Nicht förderlich ist, die Weihehandlung aufzusuchen mit dem Anspruch, jeden Satz und jedes Wort konzentriert auffassen und nachvollziehen zu können. Damit ruft man nur seelische Verkrampfung hervor. Nach kurzer Zeit kann man dann überhaupt nichts mehr aufnehmen. – Förderlich dagegen ist, wie bei einem Waldspaziergang Augen und Ohren einfach offen zu halten. So wird man da nicht auf jeden Vogellaut aufmerksam, aber vielleicht auf diesen und jenen. Man wird nicht für jede blühende Blume Augen haben, aber vielleicht für diese oder jene. Man kann aber auch auf die Suche gehen nach Rotkehlchen und Glockenblumen und dabei für diesmal unendlich viel anderes außer Acht lassen. In gleicher Weise kann man auch in der Menschen-Weihehandlung Augen und Ohren offen halten in ruhiger Erwartung oder auch auf die Suche gehen nach bestimmten selbst erwählten Motiven: Wann und wie wird z.B. vom Herzen gesprochen, von der Gnade, vom Leben, von der Liebe? Beim nächsten Mal wird man schon einiges wiedererkennen, beim dritten Besuch zeigt sich vielleicht etwas Neues.

So kann erstes Land gewonnen werden im flutenden Strom der Worte und Verrichtungen: wahrnehmen und sich darüber bewusst werden. Die Menge ist nicht von Belang. Demnächst kann es ja eine weitere Weihehandlung geben.

Es ist ebenfalls nicht förderlich, überall eine heimliche Symbolik zu vermuten und mit der Frage, was damit eigentlich gemeint sei, die frische Wahrnehmung zu vergiften. Das würde in die Irre führen. Es ist mit jedem Wort das gemeint, was es sagt. Es ist mit jeder Hantierung das gemeint, was sie ist. Es ist mit jeder Einrichtung im Feierraum das gemeint, was sie zeigt. Nicht mehr – aber auch nicht weniger. So wäre es z.B. irrig, in der gerade roten Bekleidung des Altars ein Symbol für die Liebe zu vermuten oder sich in den drei Stufen zum Altar, weil es eben drei sind, die göttliche Dreifaltigkeit symbolisiert vorzustellen. Die drei Stufen zeigen ja sinnenfällig nichts von Vater, Sohn und Geist, wohl aber, dass drei Anstrengungen, drei Erhebungen nötig sind, wenn die Höhe des Altarhandelns erreicht werden soll. Darin liegt aber schon eine – vielleicht überraschende – Aussage: Meint man doch gern, dass *eine* Anstrengung, *eine* Umwendung zur Gotteswelt hin genügen müsste, um anzukommen.

Dies sei hier nur als Beispiel erwähnt. Später wollen wir einige weitere solcher Beispiele betrachten, um zur eigenen Weiter-Entdeckung anzuregen. Zunächst aber müssen wir zu klären suchen, wann man eigentlich von echtem Kultus sprechen kann.

# Was ist wirklicher Kultus?

Das Wort Kultus kommt von lateinisch *colere* und bedeutet ›bearbeiten, pflegen, verehren‹. Dieser Bedeutungs-Dreiklang des Grundwortes weist zunächst in drei Entfaltungs-Richtungen, nämlich:

- Eine Naturgegebenheit durch *Arbeit* des Menschengeistes verändern – da spricht man von Kulturleistungen, von der Erfindung des Rades bis zur Gentechnologie.
- Dafür sorgen, dass der Zusammenhang des Geistigen mit seiner äußeren Erscheinung lebendig bleibt, dass also musiziert, Theater gespielt und getanzt wird – da spricht man vom Kulturleben, das der *Pflege* bedarf.
- Den *verehrenden Aufblick* üben zu dem schöpferischen Geist, dem der Mensch seine schöpferischen Fähigkeiten verdankt – hier spricht man von den Kulten, die in allen Völkern an Orten, zu Zeiten, mit Ritualen geschahen, die solchem Aufblick dienlich waren.

Wenn man diese drei Bedeutungen des Wortes zusammenklingen lässt, beleuchten sie sich gegenseitig und stellen ein hohes Lebensideal dar:

- *Menschenarbeit* soll im *verehrenden Aufblick* zum Göttlichen geschehen, und *pfleglich* soll dabei beobachtet sein, dass die Arbeitsereignisse ihrem gemeinten Ursprung auch entsprechen. Menschenarbeit soll also nicht verkommen zu blindem Hantieren und Probieren, nur weil es doch machbar ist. – Atomtechnik und Gentechnologie beispielsweise wären daraufhin zu befragen.
- Kulturleben *pflegen* hieße dann: hart arbeiten, beständig üben, und zwar ebenfalls im *ehrfürchtigen Aufblick* zu der Welt, wo der ›Kuss der Musen‹ zu erlangen ist. – Zufalls-Happenings, im Drogenrausch gemalte Bilder und dergleichen würden dem Ideal nicht genügen, auch wenn die Ergebnisse sehr eindrucksvoll sein können.
- *Verehrender Aufblick* zur göttlichen Welt würde nun seinerseits beinhalten: *Arbeit* und Ringen um Gottes-Erkenntnis, damit die Verehrung nicht etwas Allgemein-Wolkiges oder gar etwas Falsches meint, sowie Sorgfalt und *Pflege* in der äußeren Ausführung. – Überlieferte Rituale, die nur in der Tradition ihren Grund haben, wie Krönungszeremonien, Ritterschläge, Aufmärsche vor Diktatoren, wären die Gegenbilder zu wirklichem Kultus.

Von wirklichem Kultus kann man also sprechen, wenn er Gottes Wirklichkeit sorgfältig und pfleglich zur Erscheinung bringt vor Auge und Ohr. Andernfalls würde er einer anderen, vielleicht recht unerwünschten Geistigkeit dienen oder völlig wesenlos sein.

Bemerkenswert in diesem Zusammenhang ist, dass in den neunziger Jahren in der Jugendsprache das Wort ›Kult‹ bzw. ›kultig‹ aufgetreten ist. Da gab es Kultautos, Kultfilme und dergleichen mehr, aber auch Musik und sportliche Ereignisse konnten ›echt Kult‹ sein: Das deutet auf etwas Wichtiges, das zum Begriff Kultus dazugehört. Denn der Fan, der hingebungsvolle Verehrer eines Musikstils, eines Films, eines bestimmten Schauspielers usf. ist ja deswegen Fan, weil er da etwas sehen, hören und erleben kann, worin er sich selber wiederfindet – noch wie träumend vielleicht, auch in der Sehnsucht: Das ist, wohin ich will, das spricht von mir und meinem Lebensgefühl.

Wirklicher Kultus, der dem Aufblick zur Gottheit dient, stellt vor Auge und Ohr und alle anderen Sinne, was das eigentlich Meine, das eigenste Innere will und ersehnt und tut. Was mehr oder weniger im Dämmerdunkel ›meines Kämmerleins‹ bei der Zuwendung und Verehrung Gottes *ok-kult* (verborgen) geschieht, stellt wirklicher Kultus ins Licht und in eine Vollständigkeit und Deutlichkeit, nach der der Einzelne erst strebt. Damit wird wirklicher Kultus aber zum orientierenden Maßstab und Lehrer für alle die Schritte, die zu tun sind mit der Seele, bis z.B. das Vaterunser in Kraft gebetet werden kann. Das geht eben nicht ›aus dem Stand‹. Damit soll keineswegs gesagt sein, dass im persönlichen Gebet diese Schritte nicht geschähen. Sie bleiben aber okkult und damit gerne unbewusst.

Ein spirituelles Erziehungselement geht also vom Kultus aus. Das kann aber nicht der eigentliche Grund sein, warum in der Gegenwart eine erneuerte, sach- und wesensgemäße Kultushandlung gepflegt wird. Für dieses Erziehungselement würde ja eine Art Lehrbuch genügen. Warum aber dann?

Um dieser Frage einigermaßen gerecht zu werden, müssen wir differenzieren und fragen: Was leistet Kultus für uns Menschen? Und: Was leistet Kultus für die Gottheit? Erst das Zusammenspiel beider Antworten führt zu einem angemessenen Blickwinkel.

## Warum Erneuerung des Kultus in unserer Zeit?

Echter Kultus hat Bedeutung für die Menschheit und für die Gottheit. Indem wir zunächst auf die Frage eingehen wollen, was wirklicher Kultus für uns Menschen leisten kann, sei ein Blick auf die Evangelien geworfen, insbesondere auf die Osterberichte. In allen vier Evangelien wird berichtet, wie am Ostermorgen und den vierzig Folgetagen Begegnungen mit dem Auferstandenen möglich waren. Alle diese Begegnungen enden mit dem Impuls, öfter sogar mit der Aufforderung dazu, hinzugehen und den anderen Jüngern davon zu sagen. Diese sind ja nun nicht irgendwer, sondern die ihm vertrautesten Menschen. Dennoch wird regelmäßig als Reaktion auf die Nachricht festgestellt: »... die aber konnten ihnen nicht glauben«. Auch der Grund dafür wird angegeben (z.B. Mk. 16,14): Es ist die Härte der Herzen. Die noch so lebendigen Zeugnisse der besten Freunde konnten die Herzen also nicht erreichen, nur die unmittelbare eigene Begegnung. Wären die Herzen der Menschen so sensibel, dass die unmittelbare, eigene Begegnung mit dem Auferstandenen im Worte des Verkündenden wirklich geschähe, dann würde der Glaube erwachen und wachsen. Wenn aber nicht?

Das heißt nun, dass bei der allgemeinen Konstitution unserer Menschheit die Verkündigung, die Predigt, das Zeugnis allein nicht genügen und von Anfang an nicht genügt haben (vgl. auch Joh. 12,37). Durch die jahrhundertelange Wiederholung und persönliche Bekräftigung wird die Christus-Botschaft nicht wesentlich überzeugender. Nur eigene Begegnung hilft, nur eigene Wahrnehmung des Wesens, das versprach: »Ich bin bei euch alle Tage, solange es die Erde gibt« (Mt. 28,20).

Heute spricht man ja vom Glauben, wenn man etwas für wahr hält, weil man es eben nicht sicher weiß. Aber der Unterschied von *Für-wahr-Halten* und *Wahr-Nehmen* mit allen verfüglichen Sinnen ist doch beträchtlich. Zwar ist auch bei der Wahrnehmung Zweifel möglich (»Ich sehe wohl nicht recht!«), aber nicht eigentlich lange. Die Sicherheit kommt aus der Sache. Die Sicherheit des Für-wahr-Haltens aber kommt nicht aus der Sache selbst, sondern aus dem persönlichen Entschluss dazu.

Das griechische Wort für Glaube, *pistis*, wie es im Neuen Testament verwendet wird, hat in seiner Bedeutung zwei Seiten: eine *Ver-*

*trauens*-Seite und eine *Wahrnehmungs*-Seite. Dass die Vertrauens-Seite sogar zur Treue hin gesteigert wird (*pistos* = treu), weist geradezu darauf hin, dass es sich um *blindes* Vertrauen nicht handeln kann. Denn die Treue zu einem Menschen oder zu einer wichtigen Sache ist zwar gerade dann gefragt, wenn die äußere Wahrnehmung Gegenteiliges zeigt. Aber leisten kann die Treue nur, wer zuvor einmal das wesentlich Wahre eines Menschen oder einer Sache erlebt und gesehen hat. Während der wilden Jugendjahre ihrer Kinder können Eltern und Erzieher ja Lieder davon singen.

Nun müssen wir aber ins Auge fassen, dass heute vom Glauben gewöhnlich nur die Vertrauens-Seite übrig geblieben ist, während die Wahrnehmungs-Seite abgestorben erscheint. Wenn Martin Luther noch dichtete: »Der Glaube ist ein anderer Sinn / weit über die fünf Sinne hin«, wenn wir seiner Biografie entnehmen, dass er übersinnliche Wahrnehmungen in fast bedrängender Fülle hatte (besonders beim Messe-Lesen, aber auch bis hin zum Wurf mit dem Tintenfass auf der Wartburg), dann verstehen wir seine späte Enttäuschung über seine Mit-Reformatoren, die an die Stelle des ›anderen Sinnes‹ Lehrsätze rückten, über die sich trefflich streiten ließ.

Im Sinne des griechischen Urwortes müssten die Glaubensartikel in heutiger Sprache so beginnen: »Ich erlebe den Vater, Schöpfer Himmels und der Erden ... Ich erlebe den Sohn ... Ich erlebe den Geist ...« Wer aber kann und mag das sagen? – Im Sinne einer modernen Wahrhaftigkeit dagegen würden die Bekenntnisworte eher so klingen müssen: »Ich möchte, dass es einen Vater ... gibt; ich möchte, dass es den Sohn ... gibt; ich möchte, dass es den heiligen Geist ... gibt.« – Der Glaube erblindete.

Wenn die Beziehung des Menschen zu seinem Erlöser Christus erneuert und lebendiger werden soll, dann muss dafür gearbeitet werden, dass der Glaube allmählich seine Blindheit verliert, dass aus blindem Vertrauen ein sehendes Vertrauen werden kann. Wirklicher Kultus kann uns diesen Dienst leisten. Indem übersinnlich-geistige Tatbestände und Tatsachen des innersten Kämmerleins unseren gewöhnlichen Sinnen gegenübertreten, werden diese sensibilisiert. Sie werden geradezu darauf trainiert, Unsichtbares im Sichtbaren, Unhörbares im Hörbaren zu erfassen, im Bibelwort das Evangelium zu hören, im Vollzug der Handlung dem Wesen zu begegnen, um das es geht.

Wer viel Musik hört, oder noch besser: selber musiziert, kann sehr bald ein klares

Urteil über Musik haben. Wer oft wirklichen Kultus erlebt, kann ebenso recht bald seine Qualität beurteilen. Wahrer Kultus erweist seine Wahrheit selbst. Und auch im Leben zeigt sich, dass am Kultus geschulte Sinne an den Worten und Taten der Mitmenschen sehr viel mehr erfassen, als was äußerlich sichtbar und hörbar wird; manchmal sogar mehr als diesen lieb sein mag. Blindheit lichtet sich.

Was es für den Auferstandenen bedeutet, wenn wir durch die Sinne zu seiner Gegenwart erwachen, sei hier nur angedeutet. Wir brauchen uns ja nur zu fragen, was es für uns bedeutet, wenn wir wahrgenommen und nicht dauernd übersehen werden, wenn jemand nach unserem Wesentlichen fragt und nicht nur unsere Außenseiten beurteilt oder seine Erwartungen auf uns projiziert. Dann können wir zeigen, wer wir sind und was wir können. Wir können unsere Fähigkeiten einbringen ins Leben, können sie steigern und fruchtbar machen. Eine Gottheit wie Christus, der um der inneren Freiheit der Menschen willen auf seine Allmacht verzichtet und selbst Mensch wird, kann daher – wie alle Menschen – nur fruchtbar wirksam werden, wenn er wahrgenommen wird. Echte Wahrnehmung allein schafft den Raum, worin sich Wesenswirklichkeit entfalten und steigern kann.

Durch die Verdeutlichung der inneren Schritte der Zuwendung zu Gott vor den Sinnen, durch die Neu-Erweckung des Glaubens als Wahrnehmung, durch die im Wahrnehmen mögliche Steigerung des Wirkens Christi in uns wird uns in der Menschen-Weihehandlung noch viel mehr, darüber Hinausgehendes möglich. Das werden wir später zu betrachten haben. Hier seien nur die Stichworte genannt: Die Bildung einer Geistgemeinschaft, die auf dem freiesten Individuellen des Einzelnen gründet, und davon getragen die Verwandlung der Substanzen Brot und Wein.

## Von der Bildsprache des Kultus

Aus den bisher geschilderten Anforderungen, die man an wirklichen christlichen Kultus stellen muss, ergibt sich, dass darin Strenge walten muss. Da ist nicht Raum für Zufälliges und Spontanes. Da darf nichts nach Befindlichkeit verkürzt, erweitert, heute mal anders gemacht werden. Soll Kultus Erwecker des Glaubens sein, soll er die gewöhnlichen Sinne zur geistigen Wahrnehmung heranbilden, so ist verlässliche Wiederholung und sorgfältigste Ausgestaltung unverzichtbar. Alles, was zu den Sinnen spricht, steht unter diesem Anspruch bis in die Gestalt des Feierraumes hinein.

Der Feierraum spricht schon zu unseren Sinnen, ehe noch das erste Wort erklingt. Darum ist die Christengemeinschaft bemüht, eigene Räume für die Menschen-Weihehandlung zu schaffen und Kirchen zu errichten, damit das Allzu-Provisorische und Kompromisshafte die Bildsprache nicht stört.

Machen wir uns einige Elemente des Feierraumes bewusst: Er ist – zumindest für die Feierstunde – zu gar nichts anderem nütze und brauchbar. Für kulturelle Ereignisse würde man andere Einrichtungen treffen. Die Tür wird während der Handlungen geschlossen. Eine Kammer entsteht, ein vor dem – ansonsten vielleicht herrlich-brausenden – Leben geschützter Innenraum. Wir gehen, stehen und sitzen alle ›auf gleicher Ebene‹. Ob jemand erstaunter Erstbesucher ist oder seit Jahrzehnten treuer Mitarbeiter, bleibt okkult, verborgen. Anfänger sind und bleiben wir, vor Gott sind alle gleich. Drei Stufen heben sich dennoch aus dieser Ebene heraus. Drei Schritte, drei Erhebungen müssen wir leisten, um den gedeckten Tisch zu erreichen, an dem gehandelt wird.

Vor Beginn dieses Handelns werden sieben Lichter entzündet. Vielseitig, von sieben verschiedenen Gesichtspunkten aus beleuchten sie, was geschieht. Zugleich erhellen und verlebendigen sie aber auch die Bilder, die hinter dem Altar und über ihm sind. Dabei fällt das meiste Licht der Kerzen auf die Kreuzestatsache. Ohne sie gäbe es kein Christentum, ohne sie wäre auch niemand hier. Des Gottes Sohn ist als Mensch ins Leiden, in die Schmerzen, in den Tod gegangen. Als Sieger ist er auferstanden. Unsere Leiden, Schmerzen und Sterbeerlebnisse haben dadurch eine Perspektive gewonnen. Sie können zum Schlüssel für den Eintritt in eine Welt neuen Lebens werden.

Aus dieser Welt neuen Lebens, die im Neuen Testament ›Galiläa‹ genannt wird (»Dahin wird er euch vorangehen«, Mk. 16,7), tritt uns im Bilde über dem Kreuz das Antlitz des uns Vorangehenden entgegen. Sein Blick ist auf den gedeckten Tisch gerichtet – und auf uns. Einer von uns war es, der die sieben Lichter entzündete, einer von uns, der als Altarhelfer (Ministrant) das ausführt, was die Anwesenden tun sollen. Durch unser Mittun also ist der Feierraum erst vollständig bereitet, sodass die Handlung beginnen kann.

Am Beispiel des Feierraumes mag hinlänglich deutlich geworden sein: Ehe noch die Handlung begonnen hat, gibt es eine Menge mit den Augen wahrzunehmen – und wird auch wahrgenommen, selbst wenn das erst allmählich bewusst wird. Gleiches gilt für die Priestergewänder, für die im Jahreslauf wechselnden Altarfarben, für die verwendeten Geräte und insbesondere für den Kelch, der eine zentrale Stellung im Geschehen einnimmt. Alles im Kultus spricht sich selber aus. Je mehr eine sich die Wahrnehmungen beschreibende Aufmerksamkeit zu den Einzelheiten erwacht, umso betroffener und begeisterter wird man die Symphonie von Bild, Wort und Tat erleben.

Weil das so ist, darf man sich in der Bildbetrachtung schon auch einmal aus der Wort-Sphäre Hilfe holen und z.B. einmal beobachten, welche Worte zu welchen Hantierungen mit den Geräten jeweils gesprochen werden. Das kann sich gegenseitig erhellen. Wenn etwa im Augenblick des Ergreifens des soeben erst enthüllten goldenen Kelches von »der Menschheit Wesen in dem Übersinnlichen« gesprochen wird, so dürfen wir zu Recht erwarten, dass die Bildsprache des Kelches vom Wesen des Menschlichen Wichtiges zu sagen hat. Oder wenn wir den aufsteigenden Weihrauch vor Augen haben und zugleich hören von Vorgängen, die im Gebet entstehen können, dann dürfen wir erwarten, dass der Rauch in seiner Bewegungsgebärde etwas davon zeigt.

Dies soll als methodische Anregung zu eigenen Entdeckungen an der Bildsprache des Kultus genügen. Ein besonderer Blick ist aber vielleicht sinnvoll darauf, dass es auch Kultus-Elemente gibt, die wir als Anwesende mitvollziehen. Nicht nur der Feierraum ist schon Kultus, nicht erst, was vorne am Altar ist und geschieht. Auch in der Gemeinde in all ihrer Buntheit wird kultisch gehandelt: im Aufstehen zum Evangelium-Hören, im dreifachen Bekreuzigen und im Hingehen zur Kommunion (Abendmahl).

## Kultus-Elemente, die die Gemeinde vollzieht

Beim Besuch einer Menschen-Weihehandlung tritt ja eine Polarität im Feierraum fast überdeutlich ins Bewusstsein: die Polarität Vorne – Hinten.

- Vorn wird gestanden, hinten gesessen.
- Vorn wird gesprochen, hinten gehört.
- Vorn trägt man spezielle Gewandung, hinten Zivilkleidung.
- Vorn wird gehandelt, hinten – auch!

Tatsächlich vollziehen auch die Anwesenden Kultisches, wenn auch in bescheidenem Ausmaß und mit einem Bewusstsein dabei, das in jeder Hinsicht wachstumsfähig ist.

1.

Das eine ist das Aufstehen zum Evangelium-Hören. Das kann ja ziemlich gedankenlos geschehen, weil ›man es halt so macht‹, schon immer. Aber warum? An eine Geste allgemeiner Ehrfurcht könnte man denken. Fragen wir uns aber, wann wir denn sonst im Leben uns in die Senkrechte erheben, gesteigert auch: uns ›vom Stuhl gerissen‹ erleben, dann doch immer da, wo etwas oder jemand

Größeres auf uns zukommt, gesteigert: etwas Überwältigendes. In jedem Mitmenschen können wir den Größeren erwarten wollen und stehen dann auf zum Gruß. Eine erschütternde Nachricht, die uns trifft, lässt uns nicht im Sessel sitzen. Eine vielleicht nicht angenehme Wahrheit tritt vor den Blick, und wir merken: Sie verlangt, dass wir uns ihr ›stellen‹ mit aller Konsequenz. – Großes, unerbittlich Wahres, Folgenreiches kommt im Evangelium auf uns zu. Dem stellen wir uns. Aber nicht weil wir aufstehen, kommt Großes, sondern im Aufstehen artikulieren wir unsere Antwort darauf.

2.

Ein anderes Kultus-Element ist das dreifache Bekreuzigen. Weil es eine neuartige Gestalt hat, kann es nicht gedankenlos ›aus Tradition‹ mitvollzogen werden. Erst einmal muss gewusst werden, wie es geht: Wir legen Daumen, Zeige- und Mittelfinger der rechten Hand zusammen und zeichnen in der Folge oben-unten und links-rechts jeweils ein kleines Kreuz über die Stirn, über die Mundpartie und über die Brust. Der Körper wird dabei nicht berührt. In den zugehörigen Worten wird deutlich, dass wir damit für uns etwas verdeutlicht bejahen wollen, was zwar eigentlich immer ist, aber nicht immer bejaht wird: Die Gottheit *ist* in uns, sie *schafft* und wirkt in uns, sie *erleuchtet* uns, d.h. sie ermöglicht in unserem Leben das Bewusstseins-Licht. In der Feierstunde bejahen wir das, und mit jedem Fortschritt im Lauf der Stunde erneuern wir dieses Ja zu dem dreifachen Wirken der Gottheit an und in uns.

Die drei Orte, bezogen auf unseren eigenen Körper, deuten auf die drei Fähigkeiten, in denen das eigentlich Menschliche im Menschen sich äußern kann: in Gedanken (Stirn), in Worten (Mund) und im Tun, das von Herzen kommt (Brust). Vieles andere, Allzumenschliches, das auch darin leben kann, soll in der Feierstunde stille sein, das wahrhaft und zukünftig Menschliche aber soll hervortreten.

Eine solche ›Kreuzigung‹ und ›Auferstehung‹ des innersten Menschlichen in uns wird gewiss unterschiedlich gelingen. Bei einem ist das Gedankenleben nicht ganz frei wegen einer Verletztheit, die ihm jemand beigebracht hat. Ein anderer hat sich gerade verliebt, da ist sein Herz noch anders beschäftigt … Deswegen dürfen wir die drei Lebensfelder auch gesondert behandeln.

Vom Priester am Altar wird mehr verlangt: Er muss die drei Felder in Einklang bringen können. Das findet darin seinen Ausdruck, dass er statt des dreifachen Kreuzes ein größeres Kreuz mit einem Kreis zeichnet (Sonnenkreuz), womit das daraus wachsende Auferstehungslicht gedeutet wird.

Hier tritt die Polarität Vorne – Hinten wieder auf, und wir können daran etwas Wesentliches zeigen: Dass wir uns der Botschaft des Evangeliums stellen, ihr als etwas Größerem begegnen – das darf von *jedem* Besucher eines Gottesdienstes erwartet werden. Denn das kann jeder, auch wenn es noch so anfänglich ist. Dass wir in der Zuwendung zur Gottheit das eigentlich Menschliche in uns aufrufen, so gut es eben geht – das darf von *jedem* Besucher erwartet werden. Jeder kann das bejahen und versuchen. Es beurteilt auch niemand, wie weit man damit kommt. Das heißt aber: In den Vollzügen, in die wir kultisch einbezogen sind, dürfen und sollen die *Anfänge* des Weges ihre Verdeutlichung finden. Am Altar aber erscheinen die *Ziele,* wohin wir alle unterwegs sind. Was sich für den Einzelnen *zwischen* den Anfängen und Zielen ergibt, wird *nicht* Kultus, bleibt verborgen.

3.

Eine dritte kultische Tat ist das Hintreten und Empfangen der Kommunion. Auch hierbei handelt es sich immer um den Anfang, ein Träger des Friedens Christi im eigenen Lebenskreis zu werden. Aber *dieser* Anfang wird durchaus nicht von jedem erwartet. Er beruht auf dem individuellen Entschluss dazu, der auch vorbereitet ist. Da bereits deutlich wurde, dass es ein Prinzip des Kultus ist, nur das zur Erscheinung zu bringen, was innerlich ›Golddeckung‹ hat, ist klar, dass nicht jeder so einfach zur Kommunion an den Altar tritt. Darauf wollen wir noch genauer zurückkommen, wenn wir die Polarität Anfänge – Ziele etwas weiter verfolgt haben.

Schon jetzt aber kann ein zweites Kultus-Prinzip begriffen werden. Das erste war: Nur was geistige Deckung hat, darf vor die Sinne treten. Das zweite: Nicht weil wir aufstehen, hören wir das Evangelium besser. Nicht weil wir uns bekreuzigen, können wir unsere Menschlichkeit besser zeigen. Nicht weil wir zur Kommunion gehen, werden wir Träger von Kräften Christi. Das wäre Magie. Kultus kehrt Ursache und Wirkung um: Was innerlich begonnen wird, darf sinnenfällig werden und dadurch Steigerung erfahren.

## Anfänge und Ziele – die Gewänder

Im Vorangehenden haben wir schon eine Polarität betrachtet, die im kultischen Feierraum besteht zwischen Hinten und Vorn, Hören und Sprechen, Zivilkleidung und Priestergewand, Sitzen und Stehen. An der Frage nach der Bekreuzigung haben wir uns klargemacht, dass diese räumliche Polarität zugleich Anfang und Ziel unseres inneren Weges zum Ausdruck bringt. Wir selber sind ins kultische Handeln einbezogen da, wo wir immer wieder anfangen. Am Altar erscheint, was entsteht und entstehen wird, wenn Christus in uns zu immer deutlicherer Lebendigkeit kommt. Das ist der Grund, warum im Altarbezirk besondere Gewänder getragen werden, und nur dort.

Was zeigen die Gewänder? Das bodenlange Untergewand (Talar) ist schwarz. Schwarz sieht man, wo kein Licht mehr ist. So bildet der schwarze Talar ab, was wir alle an uns tragen: einen Erdenleib, der seine zugrunde liegende Geistigkeit eben nicht leuchtend offenbart, sondern verbirgt. – Überkleidet wird er in der Zukunft sein von dem weißen Gewand (Alba), das uns in der Offenbarung des

Johannes begegnet, aber auch im Evangelium (z.B. Mt. 17), und das auf die Durchlichtung der Lebenskräfte deutet, die in der Geistgegenwart entsteht. Wir kennen das ja alle, wie es licht wird im Kopfbereich, wenn Einfälle und Ideen begeistern. In der Priestergewandung ist das Ziel gezeigt; von Kopf bis Fuß, vom Herzen bis zu den Händen.

Die durchlichteten Lebenskräfte werden gefasst mit dem Gürtel und der Stola, die auch ein Gürtel ist: Der Brustgürtel ist das Zeichen der bewusst gewollten und anerkannten geistigen Dienerschaft. Die Engel werden als »um die Brust gegürtet« geschaut. Während der Gürtel der Engel jedoch golden ist, erscheint hier die Farbenvielfalt, die dem menschlichen Seelenleben möglich ist.

Darüber wird zur Menschen-Weihehandlung (und nur dazu) die Casula (lat. ›kleines Haus‹) getragen. Ihre Grundfärbung entspricht der Altarbekleidung und den Gürteln, sie hat zwei verschiedene Figuren auf der Vorder- und Rückseite. In der Zuwendung zur Gotteswelt entstehen in der Seele Grundgesten, die auch bewusst werden: zunächst die Offenheit nach oben, zum Himmel hin (die U-Gestalt). Dann aber kann auch zu bestimmten Augenblicken zum Erlebnis werden das Bürger-Sein in den zwei Welten, die sich in mir begegnen (die 8-Gestalt, die Lemniskate). – Auch hier, auf dem Obergewand, begegnen wir wieder der Hinten-Vorne-Polarität. Die gerichtete Offenheit ist allemal der Anfang. Das Erlebnis der Begegnung ist das Ziel. Dem entsprechen auch die wenigen Augenblicke, in denen die Lemniskaten-Gestalt wirklich sichtbar wird: nach vollendeter Weihehandlung und zur Kommunion, d.h. an den Zielpunkten des ganzen Vollzuges. Ja aber – wendet sich der Priester nicht schon vorher ganz oft zur Gemeinde mit der eindrucksvollen Gebärde und dem Ruf »Christus in euch«?

Hier können wir darauf aufmerksam werden, dass sich die Polaritäten Hinten – Vorne bzw. Anfänge – Ziele im Kultus nicht nur im Räumlichen, sondern auch im Zeitverlauf der Feier darstellen. Denn der erwähnte Ruf bezeichnet ja immer wieder, wohin die ganze Menschen-Weihehandlung zielt: zu unserem Erwachen zu Christus und zu seinem Erwachen in uns. In jedem der vier Grundschritte des Handlungsverlaufes, die mit der dreifachen Bekreuzigung eröffnet werden – wir haben sie als immer neue Anfänge charakterisiert –, leuchtet und klingt das Ziel des Ganzen schon herein.



Daran wird nun der Aufbau der Weihehandlung gut erkennbar. Vier Grundschritte tun wir, vier Zeit-Räume durchwandern wir jedes Mal, ergänzt durch die im Jahreslauf wechselnden Wortlaute davor und danach. Dies sind die Verkündigung des Evangeliums, die Opferung unserer Seelenkräfte, die Wandlung bis in die herangetragenen Substanzen hinein, die Kommunion (Abendmahl). Die Bekreuzigung ist der Eingang zu diesen Räumen, am Ausgang erscheint das Ziel.

Anfänge geschehen immer jetzt, in der Gegenwart. Auf Ziele bewegen wir uns zu, und je mehr wir ihnen nahen, umso mehr kommen sie auch auf uns zu: Zu-kunft. So können wir mit einem Satz, der sich im Johannes-Evangelium häufiger findet, sagen: Was in der Menschen-Weihehandlung erstrebt wird, das »wird erst sein – und ist doch schon jetzt«.

# Woher kommt die Menschen-Weihehandlung?

Auch auf diese Frage wären, wie bei den anderen hier behandelten Fragen, von verschiedensten Gesichtspunkten her Antworten möglich. Hier wollen wir dem Gedanken treu bleiben, dass wirklicher Kultus sich selber ausspricht in dem, was er den Sinnen zeigt. So fragen wir uns: Was ist denn nötig, damit eine Weihehandlung in die Welt treten kann? Wenn wir die Antwort darauf auf das Allernötigste reduzieren, dann hätten wir vor Augen: ein Buch, worin der Wortlaut geschrieben ist, und jemanden, der das lesen und aussprechen kann. Natürlich wäre es ein Jammer, wenn nicht viel mehr als dieses Allernötigste sich kultisch verwirklichen könnte. Als aber die Christengemeinschaft unter der nationalsozialistischen Herrschaft verboten war, hat auch dieses Allernötigste seine Kraft entfalten und zeigen können.

Ein Buch und einer, der darin lesen kann: Das klingt vielleicht etwas mager – aber hier liegt die Antwort auf die Frage, woher die Menschen-Weihehandlung kommt.

Das Lesen im Buch ist ein wichtiges Motiv im Neuen Testament. So heißt es z.B. im

Beginn der Offenbarung des Johannes (1,3): »Selig, wer da liest und die da hören.« Das dürfen wir in unserer Gegenwartssprache einmal so formulieren: »Die göttlich-geistige Dimension des Menschseins ist bei dem lebendig (*makarios*), der die Wahrheit im Geschriebenen wiedererkennt (*anaginoskei* = liest), und bei denen, die das hören.« Das ist hier auf den Wortlaut und die Bildgestalt (*semeion* = Zeichen) der »Offenbarung Jesu Christi« bezogen, durch den »Diener Johannes« vermittelt. Wir sehen also: Mit Lesen ist mehr gemeint als das, was wir in der Schule gelernt haben und für die Tageszeitung brauchen. Und im Buch soll wie in einem Spiegel wiedererkannt werden können, was das lebendige Wesen des Geschriebenen ist.

Ein ähnlicher Vorgang wird im Alten Testament in Bezug auf die zehn Gebote erzählt. Moses stieg auf den Sinai und empfing in der umwitterten Gegenwart Gottes die Urschrift des göttlichen Gesetzes. Die beiden Tafeln vermochte er aber dem Volk nicht direkt zu bringen, weil bei diesem die Rückkehr-Sehnsucht nach Ägypten überhand genommen hatte. Die Tafeln zerschellten. Nun durfte und musste Moses selber in den Granit meißeln, was er gesehen und gehört hatte. Für diese Tafeln wurde dann der heilige Schrein zur Bewahrung geschaffen. So kam das Gesetz als göttliche Vor-Schrift zu dem Volk.

Die Menschen-Weihehandlung und die anderen Sakramente und Rituale, die die Christengemeinschaft verwaltet und praktiziert, sind auf Frage und Bitte hin durch Rudolf Steiner gegeben worden. Er hatte ja an sich selber den Anspruch, in der geistigen Welt ein Forscher zu sein. In dieser Welt hat er *gelesen*, wie ein erneuerter christlicher Kultus sein soll, und was er da las, der werdenden Priesterschaft aufgeschrieben und übergeben. Dabei hat er aber verlangt, dass diese werdenden Priester eine ganze Zeit innerlich daran arbeiten, ›lesen üben‹ sollten. Erst wenn sie im ›Wiedererkennen‹ (*anaginoskein*) eine Sicherheit gewonnen hätten, sollten sie wiederkommen. Denn nicht das blinde Vertrauen zu dem Geisteslehrer könnte eine Basis für das Arbeiten damit sein, sondern nur ein anfänglich sehendes Vertrauen in die Sache selbst. – Es kamen nicht alle wieder. Drei Viertel der ursprünglich Versammelten fanden das Vertrauen in die Sache nicht, die Übrigen wohl.

Genauso ist es heute: Der Kultus tritt mit seinem Wirklichkeits-Anspruch auf, und wer nur ansatzweise das Vertrauen in die Sache entfaltet, der kommt wieder. Und wieder.

Die Kultushandlungen stammen aus derselben Sphäre, aus der auch – in menschheitsgeschichtlich nötigen Variationen – alle anderen Mysterien- und Tempelfeiern bis hin zur orthodoxen und römischen Messfeier ursprünglich kommen. Sie sind aber keine Fortschreibungen in irdischer Tradition. – »Selig, wer da liest und die da hören können.«

## Wovon sprechen die Farben des Altars im Jahreslauf?

Im letzten Kapitel hat uns die Polarität beschäftigt, die räumlich und zeitlich im Kultus zur Erscheinung kommt: Hinten – Vorne, Anfänge – Ziele, Gegenwart – Zukunft, ›wird sein – schon jetzt‹. Dieses ›Wird-erst-sein‹, dieses Zukünftige ist besonders stark erlebbar an den Wortlauten, die im Jahreslauf wechselnd vor und nach den vier Grundschritten der Handlung (Evangelium, Opferung, Wandlung, Kommunion) gesprochen werden. Wenn das, was da vorkommt, schon jetzt sein soll, dann ist wohl noch eine Menge dafür zu tun – so fühlt man.

Diese Wortlaute beschreiben, wie unterschiedlich sich unser Verhältnis zur Gotteswelt zu Weihnachten und zu Ostern, zu Pfingsten und im Advent darstellt. Zugleich mit diesen Wortlauten wechseln zu den Festeszeiten nun auch die Farben an Altar und Gewändern. So wie der physische Himmel über uns zur selben Stunde verschiedene Farben zeigt, je nachdem, ob wir gegen das Licht oder mit der Sonne blicken, so hat auch unser Aufblick zur Gotteswelt verschiedene ›Färbungen‹, je nachdem, welchen Blickpunkt wir im Jahreslauf einnehmen und wie die Quelle des geistigen Lichtes zu uns steht.

Zur Verdeutlichung kann uns Goethe helfen, der sich mit den Farben, die am Himmel zu sehen sind, in seiner Farbenlehre beschäftigt. Seine Beobachtungen sind an wolkenlosen Tagen leicht praktisch nachvollziehbar. Danach sind die Lichtquelle (Sonne, Mond, Lampe), die Blickrichtung der Augen (zur Lichtquelle hin oder nicht) und der Grad der Trübung unserer Erdatmosphäre die drei Faktoren, die die jeweils erscheinende Himmelsfarbe bestimmen.

Richten wir den Blick z.B. auf die aufgehende Sonne, so ist der Weg des Blickes durch die Atmosphäre am längsten, der Grad der Trübung stark. Sie zeigt sich tief rot. Steigt sie nun auf bis in die Mittagshöhe, so verkürzt sich der Weg des Blickes durch die Atmosphäre der Erde rapide: Durch hellrote, gelbe, weiße Töne geht die Sonnenfarbe bis zu der Intensität, die wir nicht mehr anschauen dürfen. Wenden wir den Blick zur selben Stunde nun aber woandershin an den Himmel, so erscheint derselbe Himmel im schönsten Blau. Warum? Weil wir jetzt durch eine lichtdurchflutete Atmosphäre nicht in ein Licht blicken, sondern in die Dunkelheit des Weltalls. Zum Horizont hin wird das Blau heller sein, weil der Weg des Blickes wieder länger durch die Trübe muss.

Wendet sich unser Blick also einer Lichtquelle zu, so erscheinen je nach Beschaffenheit und Trübung der Atmosphäre die Farben tiefrot bis gelb und weiß. Wendet sich der Blick der Dunkelheit des Weltalls zu, geht aber durch eine durchlichtete Atmosphäre, so erscheinen die blauen Farben (violett bis blaugrau).

Das folgende Schema fasst das Zusammenspiel von Blickrichtung, atmosphärischer Trübung und Lichtstärke zusammen. Es mag zur eigenen Beobachtung anregen, wobei zu beachten ist, dass Veränderungen durch Wolken und Nebel hier nicht berücksichtigt wurden.

Der ganze Farbenkreis ist so am physischen Himmel möglich. Die Erscheinung der einzelnen Färbung geschieht gesetzmäßig. Soweit Goethe.

| Blickrichtung | Lichtquelle | Atmosphärische Trübung | Farbe |
|---|---|---|---|
| | stark (Sonne) | stark, daher langer Weg | tiefrot |
| | ↕ | ↕ | orange |
| | | | gelb |
| | | | weiß |
| aus Dunkelheit zum Licht hin: | | schwach, daher kurzer Weg | stechend |
| | | großer Abstand, langer Weg | orange |
| | | ↕ | gelb |
| | schwach (Kerze) | kleiner Abstand, kurzer Weg | hellgelb |
| | stark (Sonne) | stark, daher langer Weg (am Horizont) | graublau |
| | ↕ | | hellblau |
| | | ↕ | tiefblau |
| | | schwach, kurzer Weg (Hochgebirge) | lila |
| mit Licht in die Dunkelheit: | | | violett |
| | | mehr Lichtkreis, langer Weg | tiefblau |
| | | ↕ | dunkelblau |
| | schwach (Kerze) | weniger Lichtkreis, kurzer Weg | schwarz |

Nun ziehen wir die Eingangs- und Ausgangswortlaute der Weihehandlung heran, die immer dann gesprochen werden, wenn keines der besonderen Jahresfeste zu begehen ist. Wir können daran den Zusammenhang aufzeigen.

In drei Sätzen werden da drei große Wirkensmöglichkeiten der Gottheit charakterisiert. Die dritte heißt: Sie »leuchte als das Geistlicht durch die Welt« und sie möge durchlichten »alles, was wir schauen«. Wir blicken also innerlich zum Himmel auf, zum göttlichen Grunde der Welt. Der kommt uns aber nicht sogleich strahlend entgegen, sondern ist uns zunächst dunkel: Der Blick muss die Trübung der eigenen Seelenatmosphäre durchdringen, aber das Geistlicht durchleuchtet diese Trübung schon ein wenig. Unter solchen Verhältnissen würde am physischen Himmel ein helles Violett zu sehen sein. Würde uns nun im Aufblick zu demselben Himmel nicht gleich eine ganze Sonne, aber etwas schwach Leuchtendes aufgehen oder entgegenkommen, so würde es gelborange erscheinen. – Daran erkennen wir die Farben wieder, die an Gewändern und Altar zu diesen Wortlauten stimmen.

Wir sagten, dass im Kultus geistige Verhältnisse und Tatsachen sinnenfällig werden.

Goethes Untersuchungen der physischen Himmelsfarben können daher zum Verständnis-Schlüssel werden für das jeweilige Zusammenspiel von Blickrichtung, Stärke und Schwäche der Trübungen und dem ›Sonnenstand‹ zu Johanni und Weihnachten, zu Pfingsten und Advent. Die Wortlaute der Festeszeiten sprechen aus, was die Farben auf ihre Weise sagen.

Dies durch den ganzen Jahreslauf durchzuführen, ist hier nicht der Ort, aber ein außerordentlich ergiebiges Thema.

## Verwandlung von Brot und Wein in Leib und Blut – wie ist das denkbar?

Ob Brot und Wein tatsächlich zu Leib und Blut Christi werden, also *sind,* oder ob sie es dem Gläubigen nur *bedeuten* – darüber stritten in Marburg Luther und Zwingli heftig. Luther hatte sich das lateinische *est* mit Kreide auf den Tisch geschrieben, um ja nicht davon abzurücken. Zwingli hatte die besseren Argumente. Sie einigten sich nicht.

Zwingli vertrat, dass den Gläubigen Brot und Wein sich wandele, den anderen Menschen aber nicht. Die Rose eines Liebenden kann der Geliebten Unendliches bedeuten. Für andere aber bleibt sie Rose wie andere Rosen auch. – Luther vertrat, dass mit dem Brot und dem Wein in der Messfeier eine tatsächliche Verwandlung geschieht, wie es ja auch katholische Auffassung ist. Woher konnte Luther seine und können wir in der Christengemeinschaft unsere Sicherheit gewinnen, dass die Wandlung der Substanzen zu Leib und Blut Christi wirklich geschieht?

Wieder müssen wir antworten: Sie kann nur entstehen, wenn der Glaube nicht blindes Vertrauen bleibt, sondern sich zur Wahrnehmung lichtet. Die sinnlich-übersinnliche

Wahrnehmung der Transsubstantiation ist nun sicherlich das Allerintimste und Zarteste, was an der Kultushandlung geübt werden kann, vielleicht auch das Allerzukünftigste noch. – Dennoch ist die Frage danach, wie die Wandlung stattfinden kann, völlig berechtigt, und zwar heute und nicht erst in der Zukunft. Immerhin können wir schon heute eine bestimmte Haltung unserer Welt gegenüber einzunehmen suchen, um daraus eine Antwort zu entwickeln. Diese Haltung zur Welt haben wir schon einmal charakterisiert. Sie wird in der Begegnung mit Kunstwerken besonders klar.

An einem Kunst*werk* interessiert ja in der Regel nicht, was man daran wiegen, messen und zählen kann. Vielmehr ist die *Wirksamkeit,* die von ihm ausgeht, von Belang: Weckt die Wirksamkeit unsere wiederholte Aufmerksamkeit, so kann uns an dem Werk etwas *offenbar* werden. Je mehr aber offenbar wird, umso mehr erfassen wir sein *Wesen.* Wir sagen uns also: Das Kunstwerk hat drei Hintergründe: seine Wirksamkeit, seine Offenbarungen, sein Wesen. Umgekehrt ist es durch den Künstler entstanden: Die Idee *offenbarte* sich ihm – vielleicht nur als dunkle Ahnung zunächst –, er arbeitete daran und brachte sie zur *Wirksamkeit,* das *Werk* entstand.

Wären wir geneigt, unsere überreiche Erdennatur als eine Art göttliches Gesamtkunstwerk anzuschauen, dann könnten wir hinter dem Materiellen, dem ›Werk‹, ebenfalls drei Hintergründe erwarten, aus denen die Welt hervorgeht. Das wären Welt-Gründe, göttliche Weltengründe. Spezielle *Wirksamkeiten* der Natur suchen wir ja auf zur Erholung, aber auch in Medikamenten. Etwas von *Offenbarung* berührt uns, wenn wir z.B. Zeugen übergewaltiger Naturereignisse werden. Dem *Wesen* selbst, dem göttlichen Vatergrund, begegnen wir nicht so ohne Weiteres.

Bemerkenswert ist nun, dass in der biblischen Schöpfungsgeschichte (I. Mose 1 und 2) der Prozess der Weltenentstehung in derselben Art geschildert ist. Im ersten Kapitel lesen wir, wie eine (nach der Offenbarung des Johannes siebenfach) gegliederte Gesamtwesenheit von »Elohim« (übersetzt mit »Gott«) sich offenbarend aus-spricht. In sieben großen Tagen wird der auf den Menschen hinzielende Weltenplan durch Sprache, Anschauen, Benennen und Scheiden deutlich. Im zweiten Kapitel (Vers 4b) wird »Jahwe, einer der Elohim« (übersetzt mit »Herr«), tätig und bringt das Ganze zur Wirksamkeit. Er spricht nicht, benennt und scheidet nicht, sondern »er nahm und machte«. Das Werk entsteht.

Theologische Textkritik und ihre Quellentheorien brauchen uns nicht zu hindern, das Textergebnis zu nehmen als das, was es ist: die Schilderung des Weltwerdens aus dem *Wesen* Gottes durch *Offenbarung* und *Wirksamkeit* bis ins *Werk*.

Die dritte Schöpfungsgeschichte im Prolog des Johannes-Evangeliums deutet auf dieselbe Struktur, indem das Weltwerden als ein Wort-Prozess charakterisiert wird. Unsere eigene Sprache, wenn etwas Wichtiges gesagt werden soll, und besonders die Sprache der Dichter (*poetes* = Schöpfer) bilden das nach. Ein Wesentliches will sich aussprechen, sucht im Wortschatz das dafür Brauchbare (»nahm und machte«) und tritt als Werk nach außen.

Nun müssen wir einen weiteren Gedankenschritt tun, und der ist entscheidend. Wir sagen uns: Wenn heute und jederzeit, sogar durch uns Menschen, aus geistig Wesenhaftem Schöpfungsprozesse möglich sind – warum soll denn das göttliche Schöpferwirken schon seit langem zu Ende sein? Ist es nicht vielleicht so, dass unsere ganze physische Welt in all ihren überreichen Erscheinungen in einem beständigen Entstehungsprozess begriffen ist? Der noch so verlässliche Block Granit, ein Bergkristall usf. wären deswegen so verlässlich da, weil sie in jedem Augenblick aus ihren eigenen Hintergründen, aus ihren Wesen heraus Werk werden. Sie würden beständig entstehen und daher beständig sein.

Dieser Gedanke provoziert. Das Werden und Vergehen im Zeitlauf kommt ja noch dazu. Dann das Pflanzlich-Lebendige in seinen Zyklen, dann ... – Halten wir inne bei Bergkristall oder Granit, woran wir nicht so leicht gleich Veränderungen wahrnehmen müssen, um nicht vor lauter Komplizierung den Boden unter den Füßen zu verlieren! Ein geografisches Bild mag dienen, den Gedanken der absolut gegenwärtigen Weltentstehung klar zu fassen. Dieses Bild ist der Jordanfluss mit dem Toten Meer in Palästina.

Das Tote Meer liegt ja so tief unter dem Meeresspiegel, dass das Wasser keinen Abfluss hat. Es wird aber nicht größer, obwohl der Jordan sein Wasser beständig hineinergießt. Es ist in seiner Ufergestalt verlässlich, ›läuft nicht über‹. Warum? Klar: Weil von seiner Wasseroberfläche täglich genauso viel verdunstet, als vom Jordan hereinkommt. Würden wir nun ausschließlich das Tote Meer ins Auge fassen, müssten wir sagen: Gestalt und Größe sind genauso dauerhaft verlässlich wie Granit und Bergkristall. Würde man aber den Jordanzufluss stören, würde das Tote Meer seine Gestalt verlieren. (Das tut es neuerdings auch, weil Jordanwasser zur Bewässerung abgeleitet wird – ein aktueller ökologischer Sorgenpunkt.) Im Jordanfluss hätten wir das Abbild des beständigen Schöpfungsstromes, im Toten Meer das Abbild des jeweiligen Werkes (siehe Abb. auf Seite 68).

Versuchen wir, von diesem Blickpunkt aus unsere Welt zu betrachten, so können wir nun weiterfragen: Wie ist Veränderung, Verwandlung möglich? Im Bereich der Werke gibt es Werkzeuge: Hammer, Säge usw. Aber Granit bleibt Granit. Holz bleibt Holz. Eisen kann man gießen, aber es bleibt Eisen. Der Chemiker kann durch Lösung und Verbindung Neues schaffen. Aber die Grundsubstanzen bleiben dieselben. Sein Vorfahr, der Alchemist des Mittelalters, war sich allerdings dabei noch im Klaren, dass er durch Lösen und Verbinden geistige Wesen zur Offenbarung, zur Wirksamkeit und ins Werk brachte. Deshalb empfand er sein Labor als eine Altarstätte, wo er den demütig-fragenden Aufblick zu den Wesen der Stoffe übte. – Wirksamkeiten kann man verdeutlichen und steigern (potenzieren). Das geschieht in der Herstellung von Medikamenten. Aber auch hier bleibt Arnica Arnica. In diesen Bereichen kann also Brot nicht zu Leib und Wein nicht zu Blut werden. Wo aber dann?

| **Ein Kunstwerk** | **Ein Kunstwerk** | **Die Welt** | **Die Weltentstehung** | **Die Weltentstehung** | **Der Jordan** | **Die Altarstufen** |
|---|---|---|---|---|---|---|
| erleben: | erschaffen: | erleben: | nach 1. Mose 1, 2 | nach Johannes 1 | | |
| Wesen | Idee | Weltengrund | Elohim (Gott) | Ein Gott, bei Gott |  Quelle | 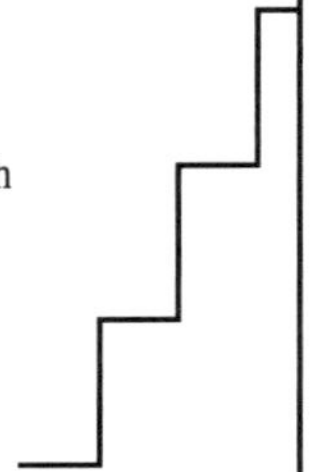 |
| ↑ | ↓ | ↑ | ↓ | ↓ | | |
| Offenbarung | Ausarbeitung | | sprach (Kap. 1) | das Wort | See Genezareth | |
| ↑ | ↓ | | | | | |
| Wirksamkeit | Verwirklichen | | Jahve | Durch dieses | < Taufstelle | |
| ↑ | ↓ | | ↓ | ↓ | | |
| Werk | Werk | Sinneswelt | machte (Kap. 2) | alles geworden | Totes Meer | |

In der Weihehandlung wenden wir unsere besten Seelenkräfte dem göttlichen Weltengrund zu, den wir später als Vater Unser ansprechen dürfen. In diese Zuwendung beziehen wir Brot und Wein ein. Wir ersteigen, so gut wir können, die drei Stufen zur Höhe des Altars und treten in die Welt der geistigen Wesen ein. Jesus hat beim Abendmahl am Gründonnerstag das Wesen des Brotes und das Wesen des Weines als geeignet gesehen und ergriffen, für Sein Wesen Leib und Blut zu sein. »Nehmet hin, das ist …«

Was wurde und was wird aber aus dem so ergriffenen Brot und Wein? Ihre vorherigen Eigenschaften vom Geschmack bis zum Nährwert, von Gestalt bis Chemie bleiben voll erhalten. Aber: Wie unser eigen Leib und Blut uns am Morgen ermöglicht aufzuwachen, uns umzusehen und gesehen zu werden, also einzutreten in die Welt und an ihr zu arbeiten, so ermöglichen Brot und Wein dem Christus, leibhaftig einzutreten in unsere Erdenwelt und sein Heilwirken bis in unseren Leib und unser Blut hinein zu entfalten.

Luther hatte Recht: Die Wesen Brot und Wein *dienen.* Christus offenbart sich, wirkt und ist in ihnen da. Aber: ohne die Gläubigen, die ihre Seelen in die Wesenswelt des Vater Unser erheben, geht es nicht. So hat auch Zwingli Recht: Die volle Bedeutung der Verwandlung in Leib und Blut erschließt sich nur dem Gläubigen, der dabei allerdings nicht blind und tatenlos bleiben darf.

Damit kommen wir zu der Frage, wer eigentlich und wann zur Kommunion an den Altar treten darf und soll.

## Zur Kommunion (Abendmahl)

Immer wieder haben wir betont und wollen es noch einmal tun, dass es sich bei der Menschen-Weihehandlung insgesamt und bei jeder ihrer Einzelheiten um Annäherungsprozesse, um intime Aufwachprozesse, um zartest aufkeimende Begegnungen handelt. Wir dürfen uns allemal und immer neu als Anfänger im Gewahrwerden der Christus-Gegenwart betrachten, die er uns ja versprochen hat »alle Tage, solange es die Erde gibt«. Hierbei sei angemerkt: Wenn gelegentlich von der ›Wiederkunft Christi‹ gesprochen wird, dann müssen wir auch immer ergänzen: für unser Bewusstsein, für unser Erleben. Denn das griechische Wort *parusia* heißt nicht ›kommen‹, sondern ›Da-sein‹.

In dem Feld zwischen Anfängen und Zielen, Gegenwart und Zukunft, zwischen blind sein und sehend werden, in welchem wir uns im Kultus okkult bewegen, liegt begründet, dass wir so gut wie nie an den Punkt kommen, dass wir sagen könnten: Damit sind wir nun fertig. Es gibt keine Klassifizierung in Anfänger und Fortgeschrittene, es gibt auch keine Aufbau-Handlung für Eingeweihte. Jedes Mal hören wir es nach vollzogener Feier: »Das war sie«. Mehr gibt es nicht, es ist alles darin enthalten.

So gibt es auch keine äußeren Kriterien und Maßstäbe, wann jemand zur Kommunion nach vorne treten darf oder eben nicht. Dies zu entscheiden ist Angelegenheit jedes Einzelnen. Eine Orientierungshilfe dafür können wir allerdings dem Evangelium entnehmen, wenn wir der Frage nachgehen: Wie sind denn die Jünger damals zur Christus-Gegenwart in Jesus erwacht und was hat seine *parusia*, seine Gegenwart an ihnen getan durch die drei Erdenjahre?

Nicht nur die Wenigen, die er selber im Vorübergehen ansprach (»Folge mir!«), sondern sehr viel mehr Menschen fühlten sich ja mit Recht angesprochen von seiner Rede und folgen ihm in einer ersten Phase auf seinem Wege. Manchmal war so »viel Volk« versammelt, um ihn zu hören, dass kaum Platz für ihn blieb (z.B. Lk. 5,1). Wie lange oder wie weit ein Einzelner mitgehen konnte und wollte, blieb völlig offen und frei. Was sie verband, war, dass sie sein Sprechen und Tun hören und sehen wollten.

Eine zweite Phase begann, als er aus dem »vielen Volk« zwölf mit Namen zu sich rief, also individuell berief. Damit trat in der Schar der Begleiter eine soziale Gliederung auf: der Zwölferkreis und die Übrigen, Verbindlichkeit und Freizügigkeit, innen und außen. Von speziellen Aufgaben des Kreises hören wir nichts, aber in seinem Schutz kann Jesus sein Wirken steigern. Jetzt gilt: »Nicht ihr habt mich, sondern ich habe euch erwählt« (Joh. 15,16).

Eine dritte Phase des Jüngerwerdens ist gekennzeichnet durch die so genannte »Aussendung« (z.B. Lk. 9,1): »Er rief sie zu sich und sandte sie aus.« Das klingt wie Einatmen und dann Ausatmen, wie tiefes Eins-Werden und, wenn sie dann hinausgehen in die Welt, Mit-ihnen-Sein. Anders hätten sie die Aufgaben, die er ihnen gab, auch gar nicht ergreifen und leisten können. Sie sollten nämlich jetzt selber das tun, was sie in der Zeit vorher an ihm wahrgenommen hatten: Künder der neuen Nähe des Himmels sein und Heiler werden an ihren Mitmenschen. Wenn sie zurückkehrten und in freudigstem Erstaunen berichten konnten, dass sogar Dämonen ausfuhren »in Deinem Namen«, dann sehen wir: Es gelang. In der Kraft Seines Wesens beginnen sie zu wirken.

In der Annäherung an die Menschen-Weihehandlung können wir diese drei Phasen wiedererkennen. Eine Zeit lang wird man nur hören und sehen wollen, freibleibend und unverbindlich, soweit man eben kann und mag, und dann auch wieder wegbleiben.

Wer aber nicht wieder wegbleibt, der wird sich eines Tages eingestehen dürfen oder auch müssen: Die Menschen-Weihehandlung und was darin lebt, hat sich auch mir angenähert. In meinem Innersten bin ich angesprochen und gemeint. Ich kann sie nicht mehr nur anerkennen als etwas Wichtiges für irgendwen, sondern für mich. Dann aber erwacht die Frage: Wer sind eigentlich die anderen Leute, denen es wohl ähnlich geht wie mir? Hierin begründet sich die Zugehörigkeit zur Christengemeinschaft (Mitgliedschaft). Ich bin real eingetreten in den Kreis. Ob die anderen in diesem Kreise sich nicht auch schon längst still gefragt haben: Wer ist denn das, der da am Sonntag immer kommt?

Das Dritte ist ein ganz zartes, intimes Erleben, das unter Umständen auch wie aus dem Augenblick entstehen kann: Es ruft mich zum Altar. Er ruft auch mich – um uns auszusenden in die Welt. So wie die Apostel (= Gesandten) sich Ihm einten, um etwas von Seinem Wesen mitzunehmen dorthin, wohin sie zu gehen hatten, so will auch ich mich bis in Leib und Blut hinein mit Ihm verbinden. So, als Christ, will ich meinen Lebensweg in meinem Schicksalsfeld gehen. Hier betreten wir das Feld des ›Priestertums aller Gläubigen‹, das Martin Luther schon vorschwebte.

Die Frage, die ich mir selber stellen muss, ist also: Will ich das wirklich, heute, jetzt? Will ich, dass nicht nur ich zu Christus, sondern auch er in mir zur Welt erwacht – in meinem Denken, Sprechen und Tun? Wenigstens ein wenig mehr als gestern? *Das* ist die Frage, die über das Hingehen oder Nicht-Hingehen immer neu entscheidet. Dass es auch sehr sinnvolle Mittel gibt, den Entschluss zur Kommunion vorzubereiten, sodass er gar nicht dem jeweiligen Augenblick überlassen werden muss, sei hier nur erwähnt. Jeder Priester wird gern das Nötige dazu sagen.

Fassen wir also die drei Phasen des Jünger-Werdens, die wir im Evangelium angedeutet finden, als Orientierung über den Grad der Annäherung ins Auge, so müssen wir aber gleich auch wieder dazusagen: Diese Phasen sind nicht zeitlich zu messen. Sie können sich über Jahre erstrecken, sie können aber auch in einer Feierstunde alle drei auftreten. Sie können in einer Weihehandlung unterschiedlich betont auftreten. Auch nach Jahren des Mitlebens wird es Feierstunden geben, in denen wir über Sehen und Hören nicht hinauskommen.

Anfänger sind wir und werden es immer wieder sein. Was zählt, sind nicht Erfolg und Können, sondern der gute Wille, von dem in der Ur-Weihnachtsverkündigung die Rede ist: »Friede auf Erden den Menschen, die eines guten Willens sind.«

# Ermutigung

Im Markus-Evangelium (10,46) wird von einem Blinden erzählt, der bettelnd am Wege sitzt, als Christus vorübergeht. Nur vom Hörensagen weiß er, wer das ist. Ob das wahr ist, was sie sagen? Und wenn ja? Da möchte er ihn sehen und ruft laut nach ihm. Wie immer im Leben, so muss auch zunächst Widerstand überwunden werden. Lass das bleiben, sei still!, hört er. Es ist aber eine Chance des Schicksals, die kann auch verpasst werden. So ruft er noch lauter: Erbarme dich mein! Da sagen die ihm Nahestehenden: Mutig, stehe auf! Er ruft dich!

Dieser Satz mag am Ende unserer Betrachtungen für uns gelten. Für den Blinden war das Vorübergehen Jesu die Schicksals-Chance. Die Annäherung an die Menschen-Weihehandlung ist eine Chance des Schicksals für uns.

Wie weit die Annäherung gelingt und geschehen kann – das müssen wir offen lassen. Aber:

*Mutig! Stehe auf! Er ist es, der dich ruft.*

HANS-WERNER SCHROEDER

# Vom Erleben der Menschen-Weihehandlung

Der Kultus und die zwölf Sinne

176 Seiten, kartoniert

Ganz unmittelbar und tief spricht die Menschen-Weihehandlung alle Sinne des Menschen an. Hans-Werner Schroeder schildert die unterschiedlichen Erlebnisse und Sinnesqualitäten, wie sie im Mitvollziehen des Kultus möglich werden und zu einer seelischen Bereicherung und Gesundung führen können.

Aus dem Inhalt:
Die vier Stufen der Menschen-Weihehandlung / Die Zwölfheit der menschlichen Sinne / Der Kultus: Erscheinung für die Sinne / Sehen im Kultus / Sprach- oder Wortsinn / Der Gedankensinn / Die Kommunion: Höhepunkt des Sinneserlebens / Der Ichsinn

URACHHAUS

FRIEDRICH RITTELMEYER

# Meditation

Zwölf Briefe über Selbsterziehung

301 Seiten, Leinen
14. Auflage 2002

Ein Weg zur meditativen Selbsterziehung, aus dem Geist unserer Zeit und des europäischen Bewusstseins konzipiert. Ein Klassiker unter den anthroposophischen Büchern zum Thema des inneren Schulungswegs.

Aus dem Inhalt:
Innerer Gang des Meditierens / Meditation und Gebet / Grundmeditation für Tag und Nacht / Tagesrückblick / Ich-Krankheiten und ihre Heilung / Erziehung des Gefühlslebens / Das Kreuz Christi als Meditationsinhalt

URACHHAUS